LUX

LA VÉRITÉ

SUR

MADAGASCAR

PARIS

P.-V. STOCK, ÉDITEUR

(Ancienne librairie TRESSE et STOCK)

9, 10, 11, GALERIE DU THÉATRE-FRANÇAIS

PALAIS-ROYAL

1896

LA VÉRITÉ

SUR

MADAGASCAR

L'éditeur déclare réserver ses droits de traduction et de reproduction pour tous pays, y compris la Suède et la Norwège.

LUX

La Vérité

SUR

Madagascar

PARIS

P.-V. STOCK, ÉDITEUR

(Ancienne Librairie TRESSE & STOCK)

8, 9, 10, 11, GALERIE DU THÉATRE-FRANÇAIS

PALAIS-ROYAL

—

1896

Droits de reproduction et de traduction réservés.

PREMIÈRE PARTIE

LA GUERRE DES RELIGIONS ET LES MISSIONNAIRES

LA VÉRITÉ SUR MADAGASCAR

PREMIÈRE PARTIE

LA GUERRE DES RELIGIONS
ET
LES MISSIONNAIRES

I

Les informations qui se publient dans la presse, sur l'état de notre colonie, sont si erronées, et parfois si évidemment mensongères ; elles trahissent si bien, par les intérêts qu'elles servent, les sources dont elles émanent, qu'il importe de ne pas laisser l'opinion s'égarer plus longtemps. Des lettres d'un Français reçues directement, depuis six mois, par chacun des courriers de Tananarive, l'examen critique des nouvelles apportées par les journaux et une étude attentive de l'histoire de Madagascar depuis l'arrivée dans cette île des missionnaires anglais et des jésuites français, me permettent de rétablir la vérité des faits dans toute sa clarté.

II

Les missionnaires et la guerre religieuse.

Toute l'histoire de la grande île africaine, depuis quatre-vingts ans que les traités de 1814 et 1815 ont consacré nos droits sur elle, est étroitement liée à celle des missions catholiques et protestantes qui n'ont jamais cessé de la troubler par leurs rivalités et leurs intrigues. Ce sont elles encore qui, en ce moment, y entretiennent la guerre civile et mettent obstacle à son développement pacifique à l'ombre de notre drapeau.

En vain, les intéressés protestent, et font protester par leurs affiliés, que les questions religieuses sont étrangères aux dévastations et aux massacres commis dans les provinces et jusque dans l'Imérina, presque aux portes de Tananarive; il est, au contraire, de toute évidence que l'existence de ces bandes armées, qui menacent la sécurité des indigènes comme celle des colons, n'est rendue possible que par l'état d'anarchie morale entretenu dans les esprits par les dissensions religieuses qui les divisent.

Cette anarchie est le résultat de la lutte, déjà presque séculaire, qui se poursuit à Madagascar, d'un côté entre le vieux fétichisme sauvage, entretenu dans les villages par les prêtres (psikidy) des idoles nationales (sampy) et les sectes chrétiennes importées dans les villes par les missionnaires européens ; de l'autre entre les missionnaires protestants, arrivés les premiers, et les missionnaires catholiques, venus plus tard, et qui, avec une égale ardeur et les mêmes moyens, souvent peu scrupuleux, cherchent à s'emparer des populations pour les dominer politiquement et arriver à exclure leurs rivaux.

Tananarive ne compte pas moins de dix-sept églises ou chapelles, appartenant à presque autant de sectes chrétiennes distinctes, qui se détestent mutuellement, comme toujours. Cependant, les catholiques, à eux seuls, en ont quatre, parmi lesquelles la cathédrale de l'Immaculée-Conception, bâtie en partie avec l'argent de la France, près de l'entrée principale de la ville, qu'elle domine de ses deux tours et de sa flèche, en concurrence avec le palais de la reine et le dôme de verre du palais de l'ancien ministre, Rainilaïarivony.

Quant aux églises protestantes, elles sont plus modestes ; une seule a les prétentions d'un monument : c'est celle des protestants anglais.

Chaque secte a aussi ses écoles, qui se disputent et même s'enlèvent, se volent réciproquement leurs élèves, les séduisent parfois malgré la volonté des parents, ou les reprennent, même à coups de bâton, quand on les leur a filoutés ; si bien que pour mettre fin à ces rapts religieux, Rainilaïarivony édicta, en 1881, une loi interdisant aux enfants de quitter les écoles où ils avaient commencé d'être instruits, pour passer en d'autres.

Cette loi a été alternativement maudite par les missionnaires de toutes les sectes, comme une loi de persécution, parce qu'elle leur rendait le prosélytisme impossible parmi les enfants, si faciles à influencer par des caresses ou des promesses. Tant que le règne des protestants anglais a duré, elle a été maudite par les jésuites ; aussi se sont-ils réjouis de son abrogation, résultant de la proclamation à Madagascar de la liberté des cultes et de la liberté d'enseignement par notre résident général.

Une lettre de Mgr Cazet, évêque de Madagascar, publiée par l'*Univers* du 8 août, est instructive à cet égard. Naturellement, le prélat s'y plaint des violences des maîtres d'école protestants pour ressaisir les élèves qu'on leur a enlevés ; ce qui implique leur enlèvement préalable par des moyens qui, pour être plus doux peut-être, n'en sont pas plus délicats.

En effet, délivrés de l'entrave apportée à leurs menées par la loi de Rainilaïarivony, les congréganistes des deux sexes, appelés à Madagascar par les missionnaires jésuites, y comptent bien, à l'abri de notre pavillon et des libertés qu'il a apportées aux Malgaches, multiplier les conversions et remplir leurs écoles des élèves transfuges protestants, sans que ceux-ci puissent se plaindre. Profitant du préjugé, qu'ils ont contribué à établir, que le nom de français est synonyme de catholique et le nom de protestant synonyme d'anglais, ils persuadent aisément aux Hovas craintifs que, la France étant maîtresse chez eux, ils jouiront de plus de faveurs s'ils se font catholiques. On conçoit qu'ils se trouvent gênés dans cette tactique par la présence d'un résident général protestant, chargé d'exercer le protectorat de la France sur la reine Ranavalo, protestante elle-même, comme toute sa famille et comme presque tous les Hovas de haute caste, depuis l'arrivée au pouvoir de Rainilaïarivony, après la mort de Radama II.

Les missionnaires protestants ont été introduits à Madagascar, en 1816, grâce aux intrigues de l'Anglais Farquhar, qui imposa leur présence à Radama Ier, comme condition de la protection des Anglais contre la France, dont le traité de Paris venait de consacrer les droits sur la grande île africaine. Jusque-là les Hovas n'étaient qu'une petite peuplade de race malaise que la haine des indigènes, de race cafre, avait forcée de se réfugier sur le plateau central ; mais déjà, sous leur roi Radama Ier et sous ses prédécesseurs Dianampounine et son aïeul Andrianampoimérina, les Hovas avaient commencé d'imposer leur suprématie à plusieurs des tribus sakalaves de la côte qui, par des traités antérieurs, avaient accepté et même réclamé le protectorat de la France, dont les premiers établissements datent de l'époque de Richelieu.

C'est donc bien en lutte avec l'influence française que les premiers missionnaires anglais furent établis dans le royaume d'Imérina, où dès ce moment ils dominèrent ; mais leur domination sembla si lourde aux Hovas, qu'à la mort de Radama Ier une réaction se produisit contre eux. La veuve de Radama, Ranavalo Ire, les proscrivit et rétablit le vieux culte des idoles nationales, *Sampy*. L'influence de leurs prêtres (psikidy) et de leurs devins (ombiaches) prévalut durant tout son règne (1828-1861), qui lui valut, de la part des chrétiens, le nom de *Caligula malgache*.

Sous le second Empire, deux Français, M. Lambert et M. Laborde, consul de France, ayant pris un grand empire sur l'esprit du fils de Ranavalo, le prince Rakout, celui-ci décida sa mère à autoriser l'introduction d'un jésuite français à Tananarive, où le Père Finaz dit la première messe le 8 août 1855.

Un jésuite ne va jamais seul. D'autres suivirent, entre autres le père Weber. Leurs intrigues poussèrent le prince Rakout à comploter pour faire déposer sa mère. Il chargea M. Lambert de porter à Napoléon III une lettre autographe pour implorer en son nom le protectorat de la France. Napoléon III n'eût pas demandé mieux; mais, engagé avec les Anglais dans la guerre de Crimée, il craignit de mécontenter ses alliés. Sur ses conseils, M. Lambert se rendit à Londres pour proposer à lord Clarendon d'établir une compagnie anglo-française à Madagascar. Le ministre anglais refusa, déclarant qu'il ne saurait admettre le protectorat de la France sur un peuple ayant traité avec l'Angleterre.

Il envoya le missionnaire Ellis informer Ranavalo de ce qui se tramait contre elle. La vieille reine, qui aimait son fils, refusa de croire au complot qui tendait à la déposer.

Le prince Rakout, conseillé par les jésuites, n'en continua pas moins ses menées. Elles furent dénoncées par les missionnaires anglais à Ramizonara, le premier ministre de Ranavalo Ire. Celui-ci embrassa le protestantisme par haine des jésuites, conseillers du prince Rakout, qui voulaient le renverser.

Le reine, irritée de toutes ces intrigues, qui excitaient contre elle son propre fils, proscrivit tous les

Français ; non seulement les jésuites furent bannis, mais MM. Lambert et Laborde durent quitter l'île. Ils partirent encore une fois chargés par le prince Rakout d'implorer le protectorat de Napoléon III, trop absorbé alors par la guerre d'Italie pour songer à profiter de l'occasion qui s'offrait de prendre Madagascar.

En 1861, la vieille reine mourut. Le prince Rakout lui succéda sous le nom de Radama II. M. Lambert gouverna sous son nom. Le 7 avril 1862, celui-ci déclarait le royaume de Madagascar ouvert au commerce de toutes les nations, abolissait les droits de douane et proclamait la liberté des cultes. Un traité solennellement conclu avec Napoléon III garantissait la liberté d'enseignement.

En réalité, le règne si court de Radama II fut celui des jésuites. Devenus tout-puissants, ils amenèrent contre la France une réaction violente qui aboutit au meurtre du jeune roi, accusé d'avoir vendu son pays à d'artificieux étrangers (1863).

Raboude, la veuve de Radama, sous le nom de Rasoahérina, fut élevée au trône par les deux frères Rainivouninahitriniony et Rainilaïarivony, chefs d'une famille puissante, qui se partagèrent les pouvoirs civils et militaires. Le premier devint le mari de la reine, comme premier ministre.

Ils ne laissèrent à Rainizouare, ancien ministre de Ranavalo Ire, et chef d'une famille rivale, que les fonctions d'un ministre des cultes. Naturellement l'ancienne religion nationale prévalut ; mais les missionnaires anglais furent tolérés. Le traité conclu par Radama II avec Napoléon III fut dénoncé, et le missionnaire anglais Ellis négocia avec l'Angleterre un traité, signé le 27 juin 1865, par lequel le protestantisme devenait la religion d'État à Madagascar.

Rainilaïarivony n'avait pas tardé à remplacer, dans le double rôle de premier ministre et de prince consort, son frère adonné à l'ivrognerie ; et, depuis cette époque, sous les deux reines Ranavalo II et Ranavalo III, choisies et couronnées par lui, il est resté le maître incontesté de Madagascar en s'appuyant sur l'influence des missionnaires anglais. En 1878, il rendit leur enseignement obligatoire et s'attacha à détruire l'influence française sur les tribus indigènes de la côte.

Les choses vinrent à ce point que le consul de France dut quitter Tananarive (1882).

Jusqu'à l'expédition de l'année dernière, les ruses diplomatiques de Rainilaïarivony ont tenu la France en échec. Prédicants anglais et jésuites français ont donc pris une part également active dans les révolutions de palais dont la cour d'Émyrne a été le théâtre. Chaque fois que l'influence française y a prévalu, les jésuites, devenus tout-puissants, ont abusé de leur pouvoir ; et quand la cour a subi l'influence anglaise, les protestants ont dominé dans la capitale et dans les provinces dont les écoles leur étaient livrées.

Quant aux Norvégiens luthériens, aux Hollandais évangélistes, aux moraves allemands, aux quakers qui n'ont jamais joué aucun rôle politique, ils n'en sont pas moins confondus à dessein avec les Anglais par les jésuites. Tant qu'a duré l'influence anglaise, eux-mêmes ont profité de la confusion. En sorte que, pour les Malgaches, le protestantisme est resté *la prière des Anglais*, et le catholicisme *la prière des Français*.

Ce préjugé qui tend à identifier ainsi chaque nationalité avec une religion, il faut le détruire, si l'on veut pacifier notre colonie sans y violenter les consciences, sans y verser trop de sang et sans changer en un désert un pays déjà trop peu peuplé.

Si l'on en croyait certains conseils, il faudrait, au contraire, tout sabrer, tout détruire à Madagascar ; en chasser les étrangers, réduire les indigènes à l'état d'ilotes, bons seulement à fournir des bras à nos colons, et réserver à quelques douzaines de Français, plus ou moins interlopes, qui se sont abattus sur Tananarive, au lendemain de sa conquête, dans l'espérance d'y faire une fortune en un an, toutes les terres, toutes les mines, même tous les travaux publics que la main-d'œuvre indigène permet d'exécuter à moitié prix.

Il est trop certain pourtant que les concessions dont les écumeurs d'affaires réclament pour eux le monopole seraient aussitôt revendues par eux-mêmes à des étrangers en laissant entre leurs mains de larges bénéfices.

Ce sont ces colons pressés de la première heure qui, voyant leurs prétentions léonines repoussées par notre résident, se sont mis à crier que tout est à mal à Madagascar ; que c'est le « pays de la faim », qu'ils en sont sortis ruinés. Il est vrai que l'hiver dernier, à Tananarive, le pain valait un franc la livre et le vin deux francs la bouteille ; mais le riz y était bien moins cher qu'à Paris et les poulets s'y vendaient trois sous. Or, quand on se décide à tenter une entreprise coloniale, il faut savoir vivre à la mode du pays et ne pas exiger partout une cuisine parisienne. Ces habitués des restaurants du boulevard, ne parlant pas malgache et se trouvant par là réduits à converser avec des élèves des jésuites qui, seuls, parlent parfois le français, se sont chargés d'écrire en France les légendes, nées dans la sacristie de la cathédrale catholique et répandues dans sa clientèle, soit contre M. Laroche, soit contre la reine, ses ministres et sa famille, accusés, comme protestants, d'être complices des Fahavalos, de concert avec les Anglais.

Si l'on en croyait les révérends Pères, il serait urgent de déposer cette Ranavalo qui, au lieu de se convertir d'emblée au catholicisme le jour où elle a signé le traité qui la soumet à la France, a osé garder sa gouvernante anglaise, et s'est contentée de faire dire les offices protestants en français dans la chapelle de son palais par le pasteur Lanza, que les jésuites voudraient aussi faire passer pour Anglais. (V. la lettre de Mgr Cazet, *Univers* du 9 août.)

III

La conquête de Madagascar par les jésuites.

Dès que la France a eu repris possession de Madagascar, le *Saint-Office de la propagation de la Foi*, à Rome, a compris que s'il ne saisissait pas cette occasion pour conquérir au pape cette province du monde à venir plus vaste que la France, elle serait à jamais perdue pour l'Église. On comprend que le pape Léon XIII soit prêt à sacrifier, pour s'en emparer, quelques-uns des millions du Denier de Saint-Pierre,

L'histoire montre qu'à toute époque l'Église a dû ses plus belles conquêtes à des reines, des princesses qui ont fait passer leurs maris et leurs peuples dans son sein, avec armes et bagages. Le meilleur moyen de convertir les Malgaches au catholicisme, serait encore de leur donner, coûte que coûte, des souverains catholiques, tel que fut Radama II, si docile entre les mains des jésuites.

Les Malgaches, en général, mais les Hovas, surtout, sont doux, rusés, défiants, cruels, s'ils sont les plus forts, mais poltrons. Ce sont de vrais singes par l'instinct d'imitation. Aucun troupeau de Panurge ne se précipite sur la trace de ses béliers avec plus d'ensemble. Chaque fois que la cour a passé d'une secte à l'autre, la grande majorité du peuple s'est hâtée d'exécuter la même conversion. Ce n'est pas docilité, c'est timidité, c'est pour se mettre du côté du manche. Façonné à la longue tyrannie qu'il subit depuis que ses anciens chefs héréditaires ont pris le titre de rois de Madagascar, le peuple est devenu astucieux et craintif.

La lettre de Mgr Cazet (*Univers* des 8 et 9 août) fournit de ce trait du caractère malgache un curieux exemple :

Un Hova, baptisé comme catholique dans son enfance, sans doute sous Radama II, avait passé, avec toute sa famille, au protestantisme, quand il devint la religion officielle, sous le règne de Rasoahérina. Aussitôt que Tananarive a été au pouvoir des Français, ce même Hova, vieilli et expérimenté, vint trouver l'évêque pour lui dire son désir de rentrer dans le giron de son Église. Naturellement celui-ci l'encouragea dans sa résolution, mais ne le vit plus. Sur ces entrefaites, M. Laroche était arrivé. L'évêque, rencontrant son infidèle, lui demanda pourquoi il n'avait pas reparu ; l'hérétique relaps, tout embarrassé, lui avoua « qu'il avait peur du résident ».

En réalité, il avait eu l'envie de redevenir catholique, quand il avait cru utile d'être de « l'église des Français, » devenus les maîtres ; mais apprenant que le résident de France était protestant, comme la reine, il lui paraissait plus prudent de l'être aussi.

Le moyen de convertir les Malgaches à une religion quelconque, c'est donc de la leur imposer par la peur ; c'est d'être le manche du côté duquel ils veulent être.

On conçoit, dès lors, que les jésuites, voyant nommer un résident général protestant, ont dû chercher des moyens de lui rendre sa mission impossible. Ils ont agi, selon leur coutume, avec beaucoup d'adresse.

Tant qu'a duré le ministère radical qui a nommé M. Laroche, ils cherchèrent à rendre celui-ci suspect aux Hovas protestants, en même temps qu'aux républicains de France, en exaltant ses complaisances pour les catholiques. Ils firent publier par l'*Univers*, et répéter par les journaux cléricaux, la lettre par laquelle il encourageait les Trappistes à fonder un établissement agricole à Madagascar. M. Laroche, étant préfet d'Alger, avait eu occasion d'admirer celui qu'ils ont fondé à Staouëli. Devant désirer, avant tout, des colons, ceux-là étaient des modèles, ayant à la fois le capital et les bras. D'ailleurs, cent couvents de Trappistes, occupés la nuit à chanter matines et le jour à bêcher leur jardin, sont moins dangereux dans un pays que quatre jésuites travaillant à nouer des intrigues de cour. Néanmoins, la lettre de M. Laroche à l'abbé de la Trappe à Staouëli fit sur les journalistes radicaux l'effet de l'écharpe rouge devant les taureaux des arènes. Ils foncèrent dessus à coups de plume : à les entendre, notre résident à Madagascar débutait mal ; il fallait le rappeler, avant même qu'il eût touché terre à Tamatave.

Les révérends Pères de la Propagande, voyant les radicaux si bien tomber dans leur piège, redoublèrent leurs compliments sur le zèle catholique de M. Laroche qui assistait le dimanche à la grand'messe à la cathédrale de Tananarive. Ce n'était donc pas un protestant bon teint.

En effet, M. Laroche, parti avec l'intention de se montrer bienveillant pour toutes les sectes, et impartial entre elles, non seulement assistait à la grand'messe, chez les catholiques, mais allait après-midi aux offices des protestants où, depuis, on lui reprocha même d'avoir pris la parole. C'était pourtant un excellent moyen de rassurer toutes les consciences, de faire *de visu* la statistique des religions, de se rendre compte du rang social de leurs adhérents et du degré de leur ferveur.

Nos écrivains radicaux n'en pensèrent pas si long. Aveuglés par leur fureur de taureaux emballés, ils continuèrent à accuser ce républicain de trahir le parti. Il fallait le remplacer incontinent par un libre-penseur moins transigeant.

Pendant que ses amis d'antan rugissaient ainsi à Paris contre lui, avec sa politesse d'ancien préfet et sa courtoisie bienveillante d'ancien marin, il charmait la reine Ranavalo, la rassurait, conquérait sa confiance et lui donnait les ministres qu'il voulait, les choisissant parmi les protestants, pour ne pas blesser les convictions des vaincus en paraissant favoriser les catholiques. Il prenait ainsi moralement possession du palais et de toute la cour, qui, princesses et princes compris, se donnait de cœur et d'âme à la France dès les premières semaines.

Si, dans le nombre, il restait des rebelles, ils étaient surveillés par les autres que séduisaient l'appareil de notre civilisation, l'espoir de participer à ses progrès, à son bien-être, non moins que la belle tenue de nos soldats, leur discipline dans la victoire, et la certitude de n'avoir rien à redouter de ces nouveaux maîtres.

Lorsqu'au printemps se montrèrent les premières bandes de Fahavalos et que les premiers assassinats furent commis dans les provinces, il y eut quelques traîtres qui tentèrent de faire passer des armes aux rebelles. Ils furent signalés par des Hovas de l'entourage de la reine, jugés par les tribunaux malgaches et fusillés par des soldats malgaches. Le résident n'avait qu'à sanctionner ces actes de sévérité, sans même que la France en eût la responsabilité devant les indigènes. Justice fut faite ainsi des coupables, plusieurs dimanches de suite, sur la grande place de Tananarive, devant la foule de ses habitants assemblés, dont pas un ne protesta.

Comment se fait-il que ces faits n'aient pas été signalés par les journaux qui réclament le plus haut des sévérités contre les rebelles? Leurs correspondants ont-ils négligé de les en informer, ou bien faut-il croire que ces passages de leurs lettres ont été supprimés pour le bien de la cause qu'ils servent en secret?

Ce qui est certain pourtant, c'est que depuis l'arrivée de M. Laroche, et, disons même, depuis l'entrée de nos troupes à Tananarive, la capitale de l'Imérina n'a pas cessé un jour d'être tranquille. La sécurité y a toujours été complète, pour les blancs comme pour les indigènes, qui ont toujours pu y circuler de jour et de nuit. Dès que la saison sèche a succédé aux pluies, des fêtes, des soirées ont été données par les nobles malgaches; les officiers du corps d'occupation et le personnel de la présidence y ont été invités et comblés d'égards. Toute la population n'a témoigné envers eux qu'une curiosité sympathique et n'a pas cessé de se montrer satisfaite de l'état des choses et du bien-être qui résulte pour elle des grands travaux de voirie déjà en partie accomplis, et qui, répandant dans ses rangs plus d'argent qu'elle n'était accoutumée à en manier, ont donné un nouvel essor au commerce.

Malheureusement, ce sont les moyens de transport qui ont fait défaut. Le nombre des porteurs s'est trouvé insuffisant pour le nombre des voyageurs, devenu plus grand, et pour la quantité des marchandises augmentée proportionnellement. S'il y a eu rareté et presque des prix de disette pour le pain, le vin et quelques autres denrées, c'est que le nombre des consommateurs a augmenté plus vite que le stock disponible. Mais les denrées du pays n'ont jamais cessé d'affluer à des prix qui étonnaient nos Français. Si nos soldats ont parfois été rationnés pour le pain, jamais aussi ils n'ont dû manger tant de viande;

d'œufs et de volaille, de meilleurs légumes et de plus beaux fruits.

Cette tranquillité, cette prospérité naissante ne plaisait qu'à demi aux révérends pasteurs anglais. Une petite persécution contre les protestants leur eût fourni l'occasion de se plaindre à l'Angleterre, de provoquer ainsi des notes diplomatiques, et eût flatté leur désir de voir se continuer un état de guerre dont la France, accusée, non sans raison, de manquer de patience, pouvait se lasser.

Ils gardaient ainsi une espérance de voir encore l'influence anglaise l'emporter à Tananarive.

Au lieu de cela, les Malgaches, assez gouailleurs, se moquaient d'eux et de leurs prédictions pendant la guerre, quand ils leur assuraient que jamais les Français n'arriveraient jusque dans l'Emyrne, qu'ils mourraient tous en route et que l'Angleterre interviendrait au besoin en faveur des Hovas.

IV

Leurs attaques contre le résident de France et contre la reine.

Ce bel accord de la population avec l'armée, et de la cour avec la résidence, qui eût dû combler de joie des patriotes français, faisait moins l'affaire des révérends Pères jésuites. Cette population, si joyeuse, sentant qu'elle n'avait rien à craindre pour ses croyances, ou plutôt ses habitudes religieuses, ne faisait pas mine de se convertir « *à la prière des Français* ».

Il fallait troubler cet accord et ce calme.

Le ministère Bourgeois, ayant été remplacé à Paris par le ministère Méline, supposé plus bienveillant pour le clergé, toute la presse cléricale, en France, démasquait ses batteries. M. Laroche cessa d'être congratulé pour son catholicisme latent; ce fut comme protestant qu'on l'accusa de tous les méfaits.

On prétendit d'abord qu'il était devenu fou, qu'il avait reçu un coup de soleil à son arrivée, tandis qu'il continuait d'étonner ses jeunes officiers d'ordonnance par sa solide santé, son endurance au climat et à la fatigue, par sa puissance de travail et son activité. En quelques mois, il avait appris assez de malgache pour converser avec les Hovas sans interprète.

Il fallait trouver autre chose. On l'accusa d'être favorable aux Anglais, de n'avoir d'attentions que pour eux, de protéger les indigènes aux dépens des colons français, de repousser toutes leurs demandes, enfin de s'être dispensé, dans une revue, de répondre au salut du drapeau français. On le représentait aux petits soins pour la reine, à ses ordres, presque à ses genoux, naïvement dupe de sa cour, fermant volontairement les yeux sur les horribles trahisons des princes et princesses, accusés d'envoyer de l'argent et des armes aux Fahavalos. Il se refusait à croire aux complots d'opérette qui lui étaient dénoncés par des lettres anonymes ou apocryphes, comme celle que la reine elle-même lui présenta, revêtue de sa fausse signature.

D'où venait cette lettre? C'était la reine qu'elle avait

pour but de compromettre. On voulait la rendre suspecte au résident. Qui avait intérêt à cela ? On a puni celui qui en était porteur. On n'a jamais su, ni qui l'avait chargé de la porter, ni surtout qui l'avait écrite.

Elle réclamait, au nom de la reine, à un des gouverneurs de province, de l'argent et des armes qui devaient servir, un jour prochain, à massacrer tous les Français. C'était le rêve romanesque de Vêpres malgaches ou d'une autre Saint-Barthélemy des protestants contre les catholiques.

« Ce qui est certain, affirme dans ses lettres mon correspondant, c'est qu'on n'a jamais trouvé ni un ordre, ni un papier, ni un témoignage quelconque pouvant faire supposer une trahison, soit de la reine, soit de ses ministres actuels. S'il y a des traîtres, et il y en a, ce sont des officiers en sous-ordre qui regrettent l'influence anglaise, ou des gouverneurs de province que la surveillance de nos résidents gêne, en les empêchant d'exploiter les populations indigènes. Mais Tananarivo est à nous, bien à nous, et nous n'avons rien à y craindre de ses habitants. »

Le Français qui m'écrit ainsi est appelé fréquemment par ses fonctions dans le palais de la reine, bien que n'étant pas dans sa dépendance ; ses relations sont presque quotidiennes avec les gens de sa cour, avec ses officiers. Il a observé, questionné, épié, et jamais il n'a rien pu découvrir de suspect. Où donc ont pris leurs renseignements ceux qui seraient si bien informés des complots qui se trament sous la toiture du Palais d'Argent, dans les cours du Rova, ou dans la maisonnette qu'y occupe la reine, sous la garde de deux soldats armés de sagaies, où ne pénètre sans audience aucun étranger, mais dont toutes les portes s'ouvrent, à tout instant, devant le personnel de la résidence ?

Ceux qui accusent ainsi la reine de nous trahir et M. Laroche d'être sa dupe, ne sont-ils pas ceux qui reprochent si amèrement à celui-ci d'avoir présenté le pasteur Lanza à Ranavalo qui s'est empressée de le combler d'honneurs ? N'est-ce pas là vraiment un grand crime, « ce crime contre le Saint-Esprit qui ne peut jamais être pardonné ? » Pour ce crime, la reine Ranavalo ne doit-elle pas être déposée et M. Laroche cassé aux gages, sans même avoir ses huit jours, comme un laquais infidèle ?

En réalité, aucun de ceux qui réclament le rappel de M. Laroche, n'a pu articuler contre lui un seul fait pouvant être incriminé qui n'ait été démenti ; et l'interpellation de M. Pourquery de Boisserin à la Chambre à son sujet n'a tourné qu'à la confusion de son auteur.

Chose étrange ! Toutes ces accusations baroques autant que contradictoires des adversaires de notre résident à Madagascar, impossibles à croire d'un ancien marin qui a visité presque toutes nos colonies, d'un administrateur éprouvé au Havre, à Alger, à Toulouse ; d'un homme enfin jouissant de toutes ses facultés, n'ont pas ouvert les yeux des journalistes républicains qui s'en sont fait les échos naïfs. Il semble que pour eux un fonctionnaire capable de répondre une lettre polie à un abbé de la Trappe et d'assister à une grand'messe en observateur attentif, doit être capable de toutes les gaffes.

Les révérends pasteurs anglais et les non moins révérends Pères jésuites ont donc eu la joie de se voir aider dans leur haine commune par leurs pires adversaires.

Il n'est pas étonnant que devant cette unanimité des attaques, le rappel d'un résident, ainsi détesté comme Français par les protestants, comme protestant par des gens se disant Français, paraisse s'imposer à un ministre, trop loin de Madagascar pour voir par lui-même ce qui s'y passe et trompé par un si étrange accord de mensonges contraires, visant un même but.

Les accusateurs d'un homme qui agit à l'autre bout du monde ont beau jeu, surtout quand il n'y a pas de câble télégraphique direct ; que chaque mot d'une dépêche coûte quinze francs ; qu'il faut un aviso pour la porter de Tamatave à Maurice ; et qu'une accusation partie de Paris dans un journal n'arrivant à Tananarive qu'un mois après, il faut encore un autre mois à la défense pour revenir à Paris. Aussi, a-t-on pu s'étonner du calme de notre résident sous le feu roulant des injures qui lui étaient adressées. C'est simplement que le bruit ne lui en était pas encore parvenu. Il n'a appris qu'on l'avait dit fou que par la multitude des lettres de ses amis qui le félicitaient de sa guérison.

V

Leur plan de gouvernement.

Pour le remplacer, les cléricaux proposeraient un général ayant guerroyé avec énergie en Afrique contre les nègres. Un colonel Ramollot quelconque leur semblerait préférable à un civil. Les jésuites s'entendent aisément avec les soldats sur la question de discipline ; les uns et les autres aiment qu'on obéisse sans discuter, qu'on croie sans comprendre.

Le résident idéal des jésuites serait un catholique, flanqué d'une femme qui le serait plus encore et assez zélée pour entreprendre de convertir à la religion de la papauté Ranavalo, qui, dit-on, a été élevée d'abord à l'école des jésuites avant de passer au protestantisme avec toute la cour, en 1869. Elle avait alors onze ans. Au point de vue catholique, elle est donc renégate. Ce serait œuvre pie que de rendre à l'Église cette brebis égarée dans l'hérésie. Madame Laroche, protestante comme son mari, est impropre à ce rôle. Il faut convenir que c'est dommage. Il y a là quelque chose de romantique, propre à mettre en vers alexandrins. Si pourtant ce M. Laroche n'eût pas été protestant ainsi que sa femme, quelle superbe mission il pouvait remplir dans son intérêt en ce monde et dans l'autre ! Dès sa venue, tous les Malgaches, la reine en tête, eussent embrassé « la prière des Français ». Même les radicaux s'en seraient consolés à la longue en entendant congratuler à jet continu notre résident par ceux qui, à jet continu, l'injurient aujourd'hui.

Le colonel Galien réalisera-t-il l'idéal des révérends Pères de la Propagation de la Foi ? Cela n'est pas démontré.

Aussi, pour plus de sécurité, en viennent-ils à réclamer nettement et immédiatement la déposition de Ranavalo-Manjaka III et son remplacement par le prince Ramahatra qui, en qualité de catholique, doit posséder, par ce seul fait, toutes les vertus nécessaires à un prince placé sous le protectorat français et toute la loyauté dont un protestant est naturellement incapable.

Qu'on mette donc bien vite sur le trône d'Emyrne le candidat des Jésuites ; soudain, de même que les tours de Jéricho s'écroulèrent au son des trompettes juives, toutes les troupes de Fahavalos s'évanouiront en fumées blanches. On pourra voyager dans toute l'île, plus grande que la France, et moins peuplée que le Sahara ne l'est par les Touaregs, avec autant de sécurité que dans le Bois de Boulogne, où, comme on sait, on assassine encore quelquefois.

Voilà ce que nous assurent les correspondants des journaux français qui reçoivent leurs inspirations du Saint-Esprit, dans la cathédrale de Tananarive, et puisent leurs informations, directes ou indirectes, chez les révérends Pères qui, là-bas, tiennent école ; et auxquels rien ne coûtera pour arracher Madagascar des mains des protestants anglais. Mais ils la laisseraient volontiers à des Irlandais catholiques. C'est de cette façon qu'ils entendent le patriotisme. Leur vraie patrie n'est-elle pas à Rome, dans l'étroite cité Léonine et partout où s'étend le pouvoir spirituel du vieillard qui continue d'y gémir prisonnier sur la paille fournie par le Denier de Saint-Pierre ?

Dès la prise de Tananarive par nos troupes, Léon XIII s'est empressé de partager notre possession en deux provinces : le nord aux jésuites ; le sud aux lazaristes qui vont rivaliser de zèle pour recruter des brebis à l'Eglise dans leurs domaines respectifs.

Si la France réussit si mal dans ses colonies, c'est que partout les jésuites l'y précèdent ou l'y suivent et poursuivent de leurs délations les fonctionnaires qui ne subissent pas leur domination. Ils règnent dans le grand conseil des colonies et dans les bureaux du ministère.

Se croyant sûrs de la victoire à Madagascar, ils font déjà publier la statistique des sectes qui la divisent, font remarquer que leur budget n'est que de deux cent mille francs, tandis que les protestants disposent de neuf cent mille. C'est un jalon pour arriver à réclamer plus d'argent, sous le prétexte que leur cause est celle des Français.

(Voir le *Figaro* du 23 août.)

Il existe une société de patriotes qui, sous le titre d' « Alliance française, » travaille à la propagation de notre langue nationale, menacée d'extinction prochaine par l'expansion coloniale des Anglais, qui tendent à imposer leur langue au monde à venir. C'est à quoi ne songent pas assez les critiques de nos tentatives de colonisation, qui seules peuvent maintenir l'équilibre des races.

Dans cette société, les jésuites ont trouvé moyen

de s'assurer une majorité pour faire subventionner par elle l'enseignement congréganiste catholique dans les colonies. Ce vote a même amené une scission de la Société dont plusieurs membres ont donné leur démission.

Par suite de la nouvelle attitude prise par Léon XIII, vis-à-vis de la démocratie et du socialisme chrétien qu'il encourage, les jésuites, à Madagascar, se résigneraient à faire déposer la reine Ranavalo, sans la remplacer. Ils accepteraient volontiers, à Tananarive une république, à condition de la gouverner.

Un correspondant du *Temps* (15 août et 16 août), plus ou moins consciemment leur organe, et qui a dû étonner la clientèle protestante et libérale de ce journal, a compendieusement exposé leur plan de gouvernement pour faire de notre colonie un nouveau Paraguay, dont ils seraient les maîtres et où la première consigne serait de se taire.

Voici les principaux articles de la Constitution promise à notre colonie (le *Temps*, 15 août).

Il faut éloigner de la reine, si on consent à lui pardonner ses trahisons,

tous ceux qui l'ont servie sous le règne précédent, c'està-dire tous les protestants, même parmi ses domestiques ; chasser du palais tous ceux qui l'ont encouragée dans sa rébellion ; lui donner pour conseillers Ramahatra et ses amis

qui sont les amis des jésuites.

Le résident devra faire comparaître au plus tôt, devant lui, tous les gouverneurs et chefs de districts de l'Imérina. Ceux qui lui seront signalés par le gouvernement nouveau comme suspects, seraient révoqués ; mais il ferait emprisonner et garder à vue ceux qui lui paraîtraient dangereux ; enfin, il nommerait lui-même à ces fonctions des hommes qui acceptent loyalement la souveraineté de la France (et naturellement aussi celle du pape), en leur déclarant qu'ils seront responsables de tous les crimes qui pourraient être commis dans l'étendue des territoires soumis à leur juridiction !

On voit là, dans toute sa beauté, se produire le principe de la responsabilité collective, cher à toutes les tyrannies les plus corsées.

L'élection des chefs serait admise, mais on choisirait les électeurs.

Le résident désignerait les chefs de village (ichibe ni taonana), après avoir consulté les habitants qui ne seraient pas vendus à nos ennemis.

Voire, exclusivement les catholiques.

Puis viennent les enrôlements forcés.

La milice sera organisée en utilisant le recensement (fidiadana) de Radama 1er.

antérieur à 1828, par conséquent. Or, depuis ce temps, plus de la moitié des villages ont disparu et autant d'autres se sont élevés en d'autres lieux et sont devenus des villes.

Chaque chef de village recrutera, proportionnellement à la population, un certain nombre d'indigènes solides qui seront encadrés par des officiers et sous-officiers français.

Combien en faudra-t-il et sur quel budget seront payés ces vastes cadres ?

Les troubles devront être réprimés avec une implacable rigueur.

Malheur à ceux qui refuseront d'assister à la messe

et d'envoyer leurs enfants aux écoles congréganistes.

« Quand les grands auront été sévèrement châtiés, les petits rentreront repentants dans leurs cases » et dans le giron de l'Eglise officielle, « heureux d'échapper à la tyrannie de ceux qui les entraînèrent de gré ou de force. »

C'est le système mis en pratique par la reine Ranavola I^{ro} pour ramener son peuple au culte des sampy. Avec le caractère malgache, il doit réussir.

Ce qui suit est encore plus intéressant, et trahit encore mieux sa source.

« Quand la paix matérielle sera rétablie, » *manu militari*, par les procédés sommaires de la fusillade en masse,

il faudra ramener la paix dans les esprits.

Les écoles, les temples, les marchés surtout, devront être l'objet d'une surveillance constante.

M. Laroche avait eu l'excellente idée de réorganiser la police qui n'existait plus, depuis la chute de Rainilaïarivony; il choisit quelques agents... Il faut reprendre cette idée et désigner dans chaque village un agent chargé de la police (antily) qui signalera les menées de nos adversaires. »

Soit un délateur officiel pour signaler les protestants. Pauvre résident! le seul compliment qu'on lui adresse, c'est pour lui prêter cette belle *idée*, qui n'a pas le mérite d'être neuve. Cela existait au temps de l'Inquisition de glorieuse mémoire.

Naturellement :

Les livres classiques, en usage dans les écoles, seront soigneusement revisés.

Soit expurgés *ad usum Delphini*.

La liberté religieuse sera garantie à tous, mais les ministres du culte devront s'abstenir, dans leurs prédications, de toute intervention dans le domaine temporel.

Ce n'est pas, en effet, dans leurs prédications que les jésuites ont coutume d'intervenir dans ce domaine, mais, au contraire, très secrètement, dans le confessionnal, les sacristies, dans les familles. D'ailleurs, une fois les maîtres, il leur suffit de fermer la bouche à leurs adversaires :

Il faut punir avec une extrême rigueur ceux qui abuseraient de leur caractère sacré pour tenir un langage de nature à exciter le peuple à la haine et au mépris du gouvernement.

C'est le texte de la loi de sûreté générale sous l'Empire. Cette loi a été appliquée à tous les étrangers et à leurs missionnaires par Ranavalo Ire. Si la reine Ranavalo III l'appliquait aux jésuites, comme ils se plaindraient haut !

A Madagascar, le peuple sera silencieux :

On interdira les *kabarys* ou assemblées populaires dans les marchés et les places publiques, quand ils n'auront pas été provoqués par les autorités françaises civiles ou militaires. Les gouverneurs, sous-gouverneurs et chefs de village qui toléreraient ces réunions devront être sévèrement punis.

Parce que les Malgaches ont le grand tort de « croire à la parole imprimée »,

Il faut empêcher la publication de tout livre, brochure ou placard qui ne sera pas visé et timbré par le représentant du gouvernement français,

lequel, préalablement, aura été soigneusement choisi

pour cet usage, auquel M. Laroche est évidemment impropre.

On se réservera ainsi le droit de mentir par la voie de la presse, sans craindre les démentis, car le porte-parole des jésuites ajoute :

J'attache une grande importance... à la création d'un journal périodique, rédigé en langue malgache, qui sera distribué gratuitement dans tous les villages. Les jeunes gens ne savent de l'histoire de France que ce qu'il a plu aux Anglais de leur en faire connaître, c'est-à-dire toutes nos épreuves, toutes nos infortunes ; ils apprendront ainsi la place glorieuse qu'elle occupe dans l'histoire de l'humanité.

L'auteur de ces lignes a sans doute la promesse d'être le redacteur de ce journal, destiné à enseigner aux Malgaches l'histoire, à la façon du père Loriquet, où la France sera présentée comme la fille aînée de l'Eglise, châtiée du ciel dès qu'elle a trahi les intérêts de sa mère.

Tout cela est assez complet. Avec ce système, on ferait certainement de Madagascar ce que les Espagnols ont fait de l'Amérique du Sud.

La conclusion de tout cela, c'est que les missionnaires de toutes les religions sont la plaie des colonies, où ils vont partout semant la discorde par leur manie de prosélytisme. Irritant les populations indigènes, insultant à leurs croyances, leurs excès de zèle les font persécuter, massacrer. Cela leur donne occasion d'agiter devant les cœurs sensibles les cadavres de leurs martyrs, d'exciter le fanatisme de leurs imitateurs, d'ameuter l'opinion, de faire intervenir la diplomatie et de susciter des expéditions militaires contre des sauvages qui n'eussent pas demandé mieux que de nous accueillir, si on eût laissé tranquilles leurs dieux et leurs prêtres, intéressés, après tout, à défendre leur industrie religieuse contre les concurrences étrangères.

Si les Romains, ces maîtres en fait de colonisation, ont pu fonder, gouverner, exploiter un si vaste empire, formé de tant de peuples divers, c'est qu'ils avaient soin de leur laisser leurs rois, leurs lois, leurs institutions, leurs prêtres et leurs dieux.

Jamais juif, en Judée, n'y a été persécuté pour sa religion par les Romains. Le résident, Ponce-Pilate, était dans son droit quand il se lavait les mains de la mort de Jésus, en le renvoyant à Hérode ou au Sanhédrin. Par là il épargnait à Rome la responsabilité de sa condamnation.

Quand, au contraire, les juifs et les chrétiens, confondus avec eux, se sont répandus dans l'empire pour faire la guerre, non seulement aux dieux latins, mais à ceux de tous les pays, les Romains ont jugé leurs prétentions abusives et les ont réprimées sévèrement.

De même, les Anglais laissent à l'Inde ses religions si diverses. Leurs missionnaires en Afrique sont autant des commerçants, des industriels, même des médecins que des apôtres. Ils distribuent des bibles et prêchent ceux qui veulent bien les entendre; mais laissent tranquilles chez eux ceux qui veulent y rester. Leurs missionnaires méthodistes ont le zèle plus intempérant, et ce sont eux qui ont surtout envahi Madagascar, où, rencontrant le zèle non moins persévérant des jésuites, la bataille des dieux qui s'y est livrée et s'y continue, a dû être terrible. En tout cas, les missionnaires protestants des diverses nations et Églises n'ont point, quelque part, à Rome, un chef étranger dont ils ont à défendre les intérêts contre ceux de leur nation. C'est l'internationalisme du catholicisme qui le rend dangereux. A Madagascar, les protestants anglais nous sont, comme Anglais, naturellement hostiles ; tandis que les jésuites ont à cœur d'agrandir le domaine spirituel de la papauté, plutôt que le domaine colonial de la France. Eux aussi diraient volontiers : « Périssent les colonies plutôt qu'un principe : le nôtre. »

L'intérêt des Jésuites à Madagascar, c'est d'en faire, par tous les moyens, une contrée catholique, dussent-ils pour cela sacrifier une moitié de sa population actuelle. L'intérêt de la France est d'y faire régner l'ordre et la paix pour y attirer des colons ; c'est de s'attacher les indigènes en respectant leur liberté de conscience et en leur laissant, dans la plus large mesure possible, leurs usages, leurs institutions, même leurs préjugés, leurs superstitions, qui céderont peu à peu, par leur contact avec nous et par la pénétration des idées modernes! Tant que les écoles de Madagascar resteront entre les mains des sectes religieuses, celles-ci exciteront la discorde et l'intolérance.

Ce qu'il faudrait, c'est établir, à Tananarive et dans les plus grandes villes, des écoles exclusivement laïques où l'enseignement serait donné en français à des enfants de toutes les confessions, qui s'accoutumeraient à vivre ensemble en paix.

Comme on ne peut songer à envoyer à Madagascar des centaines d'instituteurs français qui, d'ailleurs, ignorant le malgache, ne pourraient s'entendre avec les enfants indigènes, ce sont de jeunes Malgaches intelligents qu'il faudrait envoyer en France pour y faire leurs études et y prendre leurs diplômes. Ils reviendraient à Tananarive éblouis de leur séjour en France, charmés des progrès accomplis par notre civilisation, et, en racontant tout ce qu'ils auraient vu, ils communiqueraient à leurs élèves leur enthousiasme pour la mère patrie.

Alors seulement Madagascar sera réellement conquis, car jusqu'à présent nous n'avons conquis que Tananarive.

Dans le reste de l'île on nous hait, parce qu'on nous craint.

DEUXIÈME PARTIE

LES FAHAVALOS
ET
LA GUERRE DES RACES

DEUXIÈME PARTIE

LES FAHAVALOS
ET
LA GUERRE DES RACES

I

Les causes du Fahavalisme.

Tananarive est à nous, mais il nous reste à conquérir Madagascar sur les Fahavalos qui nous le disputent.

Qu'est-ce que le Fahavalisme ?

Est-ce une guerre ethnique, une insurrection nationale, une guerre religieuse ? Est-ce simplement du brigandage ?

C'est à la fois tout cela.

La guerre ethnique existe, non seulement entre nous, blancs européens de toutes les nations, et les

Malgaches, mais elle existe plus encore entre eux. Elle existe entre les Hovas de l'Emyrne, qui sont des Malais, de race relativement élevée et civilisable, très imitatrice, très rusée et peu brave, et les indigènes des côtes, Sakalaves, Antankares, Betsiléos et autres, qui sont des Cafres d'origine africaine, à cheveux plus ou moins crépus, à peau plus ou moins sombre, braves et féroces dans la guerre, paresseux au travail, voleurs d'instinct, mais capables de généreux enthousiasmes. Nous en ferions des soldats superbes en les prenant par la douceur et en les défendant contre leur ivrognerie qui les abrutit, depuis l'importation de l'alcool parmi eux.

Quelques-uns de ces peuples seulement ont été soumis par les Hovas, qu'ils détestent, et ont été exploités par les gouverneurs que les vainqueurs leur ont imposés. Ces tribus ont pu voir dans notre victoire sur leurs ennemis l'occasion de leur délivrance. Plusieurs d'entre elles avaient déjà accepté ou réclamé notre protectorat au siècle dernier et au commencement de celui-ci. Elles subiraient plus aisément notre domination que celle de leurs ennemis héréditaires. Un de leurs griefs contre nous en ce moment est d'avoir voulu maintenir sur eux la domination des gouverneurs hovas.

L'unité politique n'existe donc pas à Madagascar et n'y a jamais existé. Toutes les grandes plaines de l'ouest, presque complètement inexplorées, sont peuplées de tribus indépendantes, peu connues, complètement sauvages et dont le caractère féroce a été déjà démontré par le massacre des Européens qui ont tenté de s'y établir.

On ne peut donc parler de rebellion de la part de peuples qui n'ont jamais été soumis : c'est une conquête à faire. Elle peut se faire doucement, pacifiquement, par une pénétration successive. Si l'on agit brutalement il faudra y sacrifier des armées.

L'Anglais Farquhar, vers 1815, traitant avec Radama Ier, qui n'était que le chef des Hovas, a été le premier à lui donner le titre de roi de Madagascar. C'était une façon de contester les droits que nous possédions sur les côtes et les traités de protectorat que nous avions déjà signés avec les tribus indigènes. Il est regrettable que dans les traités postérieurs de la France avec les Hovas, on ait maintenu ce titre aux souverains de l'Emyrne ; mais il était impossible de le contester à Radama II qui se mettait volontairement dans nos mains, et jamais Rainilaïarivony n'en eût accepté un autre pour les trois reines au nom desquelles il a gouverné. Cette royauté nominale était un fait acquis sur lequel il n'y avait pas à revenir.

Le ministère qui a rédigé le traité de protectorat primitif que le général Duchesne a fait signer à la reine Ranavalo, pensait d'ailleurs à profiter de l'administration rudimentaire, mais existante, des Hovas dans notre colonie, pour nous la rendre moins onéreuse. Ce n'était que partiellement vrai.

Depuis, on a changé le protectorat en annexion. Pourquoi ? ce changement est dû principalement à l'influence dans les deux Chambres des protectionnistes qui voulaient pouvoir dénoncer les traités existant entre les Hovas et les diverses nations industrielles, nos rivales sur les marchés coloniaux, afin d'appliquer notre tarif général à leurs importations dans notre nouvelle possession.

C'était un faux calcul, une faute politique contre l'intérêt général comme les intérêts individuels coalisés en font souvent commettre.

L'application de notre tarif prohibitif est impossible dans une île vaste comme la France, et ayant un développement considérable de côtes, dont quelques points seulement sont occupés par nous. Des taxes élevées à l'importation ne peuvent donc qu'y favoriser la contrebande, et diminuer le produit des douanes, au lieu de l'augmenter, sans aucun profit pour nos industriels, mais au grand profit des Fahavalos : car tous les produits étrangers, et surtout anglais et allemands, seraient apportés de la côte d'Afrique, par de petites barques à la côte occidentale de Madagascar, où ils pénétreraient par les grands fleuves qui descendent tous du plateau de l'Imérina.

Il a donc fallu reconnaître que le fameux tarif n'était pas applicable d'ici longtemps, et se contenter d'un droit *ad valorem* de 10 francs. En sorte que le changement inutile du protectorat en annexion ne peut qu'irriter le sentiment national des Malgaches, en blessant leurs intérêts par la menace d'une aggravation future des tarifs sur les denrées qu'ils consomment.

Tout cela pouvait être prévu. Si ce changement a été voté par les deux Chambres, si notre diplomatie s'est résignée à paraître incohérente, en défaisant le lendemain ce qu'elle faisait la veille ; si même la convention ambiguë que M. Laroche a dû, en arrivant à Tananarive, faire signer à la reine, a été imposée à

M. Berthelot par des influences de couloirs parlementaires, c'est que les protectionnistes ont été en cela d'accord avec les cléricaux, qui les ont encouragés et poussés, jugeant l'annexion plus favorable à leur cause qu'un protectorat qui laissait subsister à Tananarive une cour toute protestante.

Ces hésitations, ces changements d'allure de notre gouvernement n'ont pas été sans indisposer les Malgaches. Ils peuvent nous reprocher d'avoir dénoncé un traité déjà signé, pour leur en imposer un autre comme à des vaincus à merci. Si peu d'entre eux ont la capacité politique d'entendre ces finesses, il suffit qu'il y en ait quelques-uns pour leur faire comprendre nos torts et leur expliquer en quoi leurs intérêts peuvent en souffrir. Si quelque chose doit nous étonner, c'est que le vote de l'annexion n'ait pas été le signal d'une révolte générale. Elle se serait produite certainement si tous les peuples de l'île avaient été réunis sous un chef de l'énergie de Rainilaïarivony.

Félicitons-nous de leurs divisions? En somme, la guerre ethnique n'a jamais cessé d'exister à Madagascar, mais elle a changé de caractère. A la guerre d'invasion, de destruction, d'asservissement, a succédé une guerre d'excursions et de brigandage : c'est le Fahavalisme.

S'il paraît n'avoir pas existé sous les règnes de Radama Ier et de Ranavalo Ire, c'est peut-être par cette raison que, toute la population étant alors très pauvre, le brigandage était peu productif. Pourtant, il avait un aliment dans l'esclavage et la traite. Les Fahavalos razziaient les villages et emmenaient leurs habitants à la côte où ils les vendaient. Ces razzias étaient réciproques : les Sakalaves razziaient les villages hovas ; les Hovas razziaient les villages sakalaves. Si Madagascar est si peu peuplé, c'est peut-être la conséquence de ce doux régime, où l'esclavage a pris sa source.

Cependant, à cette époque, le Fahavalisme, tout ethnique, manquait d'un facteur acquis depuis.

Jusqu'à la mort de Ranavalo Ire, en 1860, le fétichisme était général chez toutes les populations de l'île. Ses prêtres (psikidy), ses sorciers ou devins (ombiaches) étendaient sur les deux races leur autorité incontestée. Ils n'avaient pas à faire la guerre aux prêtres rivaux d'autres cultes. Les missionnaires anglais dont Farquhar avait imposé la protection à Radama Ier, n'avaient pu jeter dans l'île des racines bien profondes, quand ils furent proscrits par sa veuve Ranavalo, qui restaura le culte des sampy et interdit tous les autres.

C'est surtout lorsque Radama Ier eut introduit les jésuites à Tananarive, et que, sous le règne de sa veuve, Rasoaherina, Rainilaïarivony eut fait passer les Hovas sous le joug des méthodistes anglais, que le Fahavalisme devint endémique et périodique à Madagascar.

Dès lors, les diverses sectes chrétiennes avaient constitué, dans les provinces soumises aux Hovas, de nombreuses communautés, élevé des églises dans les villes et les villages. C'est surtout contre ces villages chrétiens que les Fahavalos fétichistes dirigeaient leurs attaques. Chaque été, au temps de la saison sèche, ils venaient s'emparer des troupeaux dans les pâturages, des moissons de riz dans les greniers. Ils emmenaient les habitants qu'ils ne massacraient pas, pour les vendre comme esclaves ou s'en servir comme tels.

Avec le développement du commerce et de la richesse qui résulta de l'entrée en contact des Malgaches avec les Européens, les Arabes, les Indiens, les Malais, qui venaient commercer sur les côtes, le Fahavalisme, devenu plus productif, prit des développements nouveaux. Si l'intérêt des *sampy* en resta le prétexte, le brigandage en devint le but.

Des bandes d'indigènes de l'ouest et du nord, insoumis par les Hovas, augmentées d'esclaves fugitifs, de forçats évadés, même des Hovas restés fidèles aux *sampy* et d'*outlaws* de toutes sortes, battaient la campagne chaque été, brûlant les églises, les chapelles, les écoles des chrétiens, catholiques ou protestants ; mais surtout pillaient tout ce qu'ils pouvaient prendre, détruisaient ce qu'ils ne pouvaient emporter, massacrant ceux qui leur résistaient. Mais, à cette époque, ces bandes n'étaient encore armées que de la sagaie nationale. Ceux qu'elles attaquaient pouvaient se défendre à armes égales.

Depuis l'expédition française, cette situation a changé. L'égalité entre l'attaque et la défense n'existe plus.

Les bandes des Fahavalos ont recruté les soldats de l'armée hova, licenciés après la guerre, mais non désarmés.

Arrachés à leurs villages, à leurs habitudes, ne recevant ni solde, ni aliments, ils n'ont eu d'autres ressources que de s'enrôler sous les ordres de chefs qui se trouvent ainsi disposer des armes perfectionnées fournies aux Hovas par les Anglais.

Les villages, attaqués par ces troupes, sont à leur merci. Leurs habitants, dont les cases sont incendiées, les moissons et les troupeaux razziés, sont contraints, sous menace de mort, de suivre les brigands qui les ont pillés et qui les forcent à marcher avec eux. « Les habitants de nos villages français feraient-ils autrement en de pareilles conditions? » écrit mon correspondant.

Ces razzias frappent surtout, mais non exclusivement, les villages acquis aux sectes chrétiennes qui sont les plus riches. Cependant, sous les plus futiles prétextes, des villages de Hovas fétichistes sont aussi détruits quelquefois, surtout quand le pillage en est profitable, et que les bandes manquent de riz, de viande ou d'argent.

Quant aux blancs, de toutes les sectes et toutes les nations indifféremment, que les Fahavalos rencontrent isolés et insuffisamment armés, leur fanatisme fétichiste s'accorde avec leur cupidité pour les massacrer avec ces raffinements de cruauté qui sont le propre des peuples sauvages de toutes les parties du monde. Ils volent leurs victimes pour s'enrichir; ils les mutilent religieusement en l'honneur des sampy.

Il est certain que depuis la prise de Tananarive par nos soldats, les bandes de Fahavalos, plus nombreuses et mieux armées que les années précédentes, semblent parfois obéir à des chefs qui ne sont ni des brigands de profession, ni des Sakalaves de l'ouest, poussés par leur haine ethnique contre les Hovas, mais des Hovas, revenus au fétichisme national, et que leur fanatisme pousse contre les Hovas christianisés autant que contre les blancs.

Tel est ce géant nommé Raïnibetsimysakara qui, avec une bande évaluée à trois mille hommes de diverses provenances, terrorise le pays Betsiléo et le sud de l'Imérina. C'est lui qui a massacré notre compatriote Duret de Brie et ses deux compagnons à Manarintsoa; lui encore qui vint assiéger dans Antsiraké les dix-huit hommes, femmes et enfants norwégiens que le gouverneur hova de Betafo, secondé par la milice organisée par M. Laroche, vint si à propos secourir. La bande perdit 345 de ses hommes dans cette affaire et cette rude leçon paraît lui avoir profité, car depuis elle semble s'être dispersée.

Au nord, sur les affluents supérieurs du Betsiboka et dans la vallée du Mahajamba, d'anciens gouverneurs hovas ont enrôlé des bandes de Fahavalos. Là, c'est une révolte politique, dirigée contre nous. Le pillage du village hova n'est, pour ces rebelles, qu'un moyen d'alimenter leurs troupes.

C'est que les gouverneurs que la cour d'Emyrne envoyait autrefois dans les provinces, chez les tribus indigènes soumises, les exploitaient outrageusement, les soumettant à des corvées, à des tributs arbitraires, se faisant payer largement, non seulement toutes les faveurs, mais la justice. Parfois leurs exactions, comme celles des proconsuls romains, dépassaient la mesure, au point d'indigner Rainilaïarivony lui-même, pourtant difficile à effaroucher au point de vue de la vénalité.

Depuis que des résidents français ont été placés auprès de ces gouverneurs pour les surveiller, les forcer d'être honnêtes, certains d'entre eux, plutôt que de s'y résigner, se sont révoltés et battent la campagne, à la tête de Fahavalos, disant agir au nom de la reine, prisonnière des Français à Tananarive. Telle peut être la seule source, mais la source impure, des soupçons de nos soldats et de quelques officiers contre Ranavalo..

Dans le nord également, le Fahavalisme a encore un autre facteur. C'est l'exploitation marronne des mines d'or. Les millions d'or qui sont exportés annuellement de Majunga ne peuvent provenir en totalité des concessions minières, légalement exploitées dans la région de Mavatanana et de Suberbieville. Des Hovas et des indigènes exploitent en secret des filons superficiels, connus d'eux seuls, et dont ils cachent avec soin les sites, ou recueillent l'or que roulent les sables des rivières qui arrosent la région aurifère. Naturellement, ces mineurs de contrebande ont intérêt à éloigner les prospecteurs étrangers de cette région, en y faisant régner la terreur, et à massacrer tous les blancs qui osent s'aventurer aux alentours, sur cette route de Majunga, trop longue pour pouvoir être suffisamment gardée par notre petite armée d'occupation. C'est là qu'ont eu lieu les derniers assassinats, et des vols de mulets qui s'expliquent aussi bien que le meurtre de leurs conducteurs et le pillage des convois.

D'ici longtemps, il ne faut pas espérer voyager en sécurité à Madagascar. Loin de s'étonner qu'il en soit ainsi, il serait vraiment merveilleux qu'il en fût autrement. Si l'on en croyait les Français qui prétendent qu'on leur réserve toutes les richesses de l'île, à l'exclusion des indigènes, on ne ferait qu'ajouter de nouveaux griefs à ceux qu'ils ont contre nous, et que généraliser une révolte qui, restée étroitement localisée, « manque absolument d'unité et de plan général », affirme mon correspondant.

Chaque bande opère pour elle-même, au gré, au caprice de son chef, sans que jamais son action semble concertée avec celle des autres. Ce n'est pas une levée de boucliers, inspirée par un patriotisme national, qui n'existe qu'à l'état rudimentaire dans l'île, où chaque tribu indigène agit à sa guise sans prendre souci des autres.

Chaque bande de Fahavalos ne représente donc que les propres intérêts ou les passions, les haines de son chef, ou le fanatisme de ses propres ombiaches et psikidy, qui ne forment pas à Madagascar un corps sacerdotal cohérent; mais ne sont que des individus isolés, qui se transmettent les traditions superstitieuses de leur race et exercent sur leurs compatriotes une influence toute personnelle, plus ou moins puissante.

Selon que les devins et sorciers d'une bande haïssent plus ou moins l'une ou l'autre des sectes chrétiennes, ils la poussent contre les villages hovas, protestants ou catholiques, et parfois même contre des villages fétichistes, mais obéissant à des sorciers ou devins qui sont leurs rivaux ou avec lesquels ils ont de vieilles querelles à vider.

On conçoit que tous soient également acharnés contre les blancs, dont l'influence sur la population menace la leur et ne peut tarder à l'anéantir. C'est donc surtout pour eux-mêmes qu'agissent les prêtres des sampy nationaux, en poussant les crédules Malgaches à nous détruire.

C'est ainsi que le premier de tous les assassinats commis par les Fahavalos a été celui du pasteur anglais Johnson et de sa famille dans le Bouéni. Beaucoup plus tard seulement est venu celui du jésuite Berthien, dont les journaux catholiques ont tant exalté le martyre qu'on a pu en lire successivement trois versions différentes, chacune ajoutant aux autres un nouveau luxe de tortures.

Ces exagérations ont été communes aux journaux de toutes les couleurs, qui à chaque courrier additionnant les meurtres commis antérieurement avec ceux dont la nouvelle arrivait, multipliaient ainsi le nombre des victimes dans l'esprit de leurs lecteurs terrifiés. C'est que nous sommes généralement en proie à la maladie de l'hyperbole dramatique, et chacun, à cet égard, cherche à l'emporter sur ses voisins.

En somme, depuis six mois, il s'est certainement accompli moins de meurtres à Madagascar sur des blancs qu'il ne s'en est accompli dans toute la France, il est vrai parmi une population plus dense, mais qui renferme bien, en fait de coupe-jarrets et coupe-bourse, l'équivalent des bandes de Fahavalos de Madagascar. Seulement, dans un pays moins désert, l'attaque est moins facile et la défense aisée. Puis enfin, la France compte beaucoup plus de gendarmes que Madagascar ne possède de soldats sur une étendue de sol presque égale.

II

Les remèdes.

Le Fahavalisme n'a donc pas de chef, il n'obéit pas à une impulsion centrale.

Il faut abandonner complètement le soupçon qu'il est encouragé par Ranavalo, sa famille et ses ministres, aussi intéressés que nous à le supprimer. Ces rapines, ces pillages, ces incendies appauvrissant la population laborieuse et tranquille et tarissant les sources de la richesse des familles nobles, comme celles du budget de la reine et du gouvernement, il est absolument insensé de penser que les uns et les autres en soient les complices.

Remplacer la protestante Ranavalo par le catholique Ramahatra ne changerait donc rien à la situation ; au contraire : les jésuites, leurs églises et leurs écoles étant, aussi bien que celles des protestants, l'objet des dévastations des Fahavalos, mais non pas plus. C'est pourquoi on ne peut pas davantage soupçonner les pasteurs anglais de les encourager sous main et de leur fournir des armes qui se tournent également contre leurs ouailles.

S'il y a des Hovas qui tentent de leur envoyer des armes, et l'on en a fusillé déjà un certain nombre pour ce fait, ce sont des individus froissés dans leurs intérêts par notre conquête, d'anciens gouverneurs de province déplacés ou leurs ayants-cause, ou, enfin, des prétendants possibles au trône qui voudraient en faire descendre Ranavalo pour l'y remplacer et qui, dans ce dessein, tentent d'exciter la rébellion des provinces, et de lui donner un caractère de patriotisme qu'elle n'a pas. Mieux encore, peut-être, veulent-ils compromettre Ranavalo vis-à-vis de nous en la faisant soupçonner d'être l'auteur des actes qu'ils accomplissent eux-mêmes, afin de la faire déposer par nous et de se servir de nous pour leur propre ambition. Il est bien évident que le choix de Ramahatra ne s'est pas imposé à ceux qui posent sa candidature sans qu'il ait intrigué pour cela parmi les colons français et sans qu'il se soit lié envers les jésuites, ses maîtres, par la promesse d'être entre leurs mains un instrument docile : *perinde ac cadaver*.

Par quels moyens, quelle tactique politique ou militaire guérira-t-on la plaie du Fahavalisme endémique à Madagascar et seulement aggravée par notre occupation ?

Tenter de donner la chasse aux bandes de Fahavalos à l'aide de colonnes mobiles envoyées à leur poursuite, c'est faire courir des chiens après des essaims de mouches. Ces colonnes arriveront toujours trop tard pour empêcher les villages d'être incendiés et pillés. Elles ne sauveront pas un seul blanc du massacre ; ne pourront en rien ni diminuer l'insécurité des voyageurs, ni empêcher le pillage des convois.

Quand nos soldats parviennent à joindre une bande à portée de fusil, ils la voient fuir aussi vite que leurs balles, se débander, se disperser et disparaître dans la brousse, la forêt ou les défilés des montagnes, pour aller se reformer autre part, parfois sur les flancs ou en arrière de la troupe qui la chasse et n'a pas l'idée de revenir sur ses pas. Il faut renoncer à atteindre ainsi un ennemi qui reste insaisissable, ayant à son avantage la parfaite connaissance du pays, la vitesse de déplacement et enfin cette absence non seulement d'uniforme mais presque de vêtement qui fait que le Fahavalos de la veille paraît le lendemain, sous son bamba, un paisible agriculteur tout occupé d'irriguer son riz.

C'est pourquoi aussi l'état de siège, tant indiqué par les incompétents comme remède souverain au mal du Fahavalisme, aurait juste l'efficacité de la menace du bagne lancée contre un troupeau de loups. Les Malgaches ne comprendront pas ce que cela veut dire, ou, s'ils le comprennent, ils en riront bien. L'état de siège est une arme terrible contre des gens qu'on peut saisir, dont on peut établir l'identité, qui ont un état civil. Mais la difficulté, avec les Fahavalos, c'est de les faire prisonniers. Dès qu'ils voient paraître une compagnie de haoussas, ils détalent, et quand on en tue, c'est toujours par derrière, en tirant dans le tas du troupeau avant qu'il se disperse. Combien a-t-on fait de prisonniers à Antsirabé, sauf ceux qu'on a trouvés blessés, incapables de fuir et abandonnés par les fuyards ? L'état de siège donnerait-il le droit de les achever, plus que le fait de guerre en lui-même ? A quoi bon ces massacres contraires au droit des gens ? Si l'on avait pu saisir Rainibetsimysakara, leur chef, celui-là, du moins, on pouvait, sans scrupule, le fusiller sur place, avec ou sans état de siège ; mais il n'a eu garde de se laisser prendre. S'il était à l'attaque d'Antsirabé, il a détalé tout le premier et se tient coi depuis.

On a mis sa tête à prix : cela pouvait tenter les brigands de sa troupe. Mais il paraît que ces loups-là ne se mangent pas non plus entre eux. Rainibetsimysakara a seulement juré qu'il aurait en revanche la tête d'un résident.

Durant toute la durée de la campagne de 1895, nos soldats ont été décimés par la fièvre, par le climat terrible du Bouéni, mais ils ont eu rarement l'ennemi en face, et de bien rares occasions de lui tirer leur coup de feu.

De Majunga à Suberbieville, ils n'ont pas aperçu l'armée hova. Ils ont escaladé les monts Ambohimena sans la voir. Dans les rares rencontres où ils l'ont eue à portée de fusil, dès la première décharge, ils l'ont vue tourner les talons et s'éparpiller. De la côte jusqu'à Tananarive, ce fut une continuelle retraite sans une vraie bataille.

Dans ces conditions, la colonne légère du général Duchesne, qui autrement eut été une héroïque folie, a pu aboutir à une victoire. Le général Duchesne désespérait de pouvoir grimper sur ce triple rocher, où, comme un énorme artichaut, se dresse Tananarive, quand, tout à coup, quelque chose de blanc s'agite sur la ville, se multiplie, se meut; et, bientôt, une troupe affolée de gens, agitant chacun leur lamba blanc, en guise de drapeau, se rue devant l'armée et se traîne à genoux devant nos soldats, en criant: grâce !

Cent gaillards déterminés, a dit le général Voyron, eussent suffi pour défendre cette nichée de pigeons, établis dans un nid d'aigles, et pour changer en déroute notre victoire, car nos soldats en étaient à leur dernier biscuit et presque au bout de leurs munitions.

Si, grâce à cette venette générale d'une population douce et tranquille, terrorisée par quelques obus, nous avons conquis Tananarive, nous n'avons pas conquis Madagascar. Justement parce que nous ne rencontrerons jamais devant nous que des fuyards, les trois mille hommes du corps d'occupation sont bien insuffisants pour cette conquête, sur un ennemi toujours en fuite.

Pour le public, Madagascar est une expression géographique dont la signification est peu claire. On l'a vue sur les planisphères, à côté de l'Afrique, à peu près de la même grandeur relative que la Corse sur les cartes de France. On ne se rend pas compte de la différence d'échelle.

Qu'on se figure la France, peuplée seulement de quelques millions de Malgaches, et dont les Hovas occupent le plateau central. Qu'on se représente quinze mille Français débarqués à Marseille, et sans route tracée pour venir s'emparer de Clermont-Ferrand; le Rhône se trouve n'être pas plus navigable que n'a été le Betsiboka à Madagascar.

On n'a pas de mulets pour porter les vivres. La maladie décime l'armée dans la campagne. Enfin, 1,500 hommes sont jetés en avant pour enlever la ville qui s'ouvre devant eux au second coup de canon. Voilà l'histoire de notre campagne de Madagascar à la portée de ceux qui ne savent pas lire une carte géographique. Mais si le but est atteint, si la capitale est prise et même contente de l'être, les deux ou trois millions de sauvages, fanatisés par leurs prêtres, qui tiennent la campagne, n'en tuent pas moins tous les Français qui s'aventurent seuls jusqu'à Limoges, ou

Châlons ; et, pour faire régner la sécurité dans toute cette contrée qu'ils ont conquise, leurs chefs, disposent de trois mille hommes. Voilà l'état des choses à Madagascar, dont la conquête définitive ne peut être que l'œuvre du temps. Elle se fera naturellement par le peuplement graduel de l'île, la construction des routes, l'élévation du prix de la main-d'œuvre, l'enrichissement de la population indigène, peu à peu conquise moralement par la pénétration des idées modernes et du bien-être civilisateur. Le meilleur moyen de conquérir les Malgaches, c'est de leur démontrer par les faits qu'ils gagnent à avoir été conquis.

En attendant ces résultats lents, mais sûrs de la conquête morale, on ne rendra le Fahavalisme impuissant que par l'établissement sur tous les points stratégiques, sur les cols et les arêtes des montagnes qui entourent le plateau central et dominent les vallées de l'Ikopa et du Betsiboka, de petits postes fortifiés, de 50 à 100 hommes, assez serrés pour communiquer entre eux, non par le télégraphe électrique, dont les fils seraient trop souvent coupés, mais par la télégraphie optique ou, simplement, par l'ancien télégraphe Chappe. Ces postes devraient être assez rapprochés les uns des autres pour pouvoir se secourir dans un temps très court, et former ainsi, entre l'Emyrne et les provinces insoumises, une véritable grille que les bandes des Fahavalos ne pourraient franchir sans être aussitôt cernées et détruites, toute retraite leur étant coupée. Au delà de cette enceinte, au contraire, il faudrait se contenter de leur donner la chasse, en les repoussant vers l'Ouest.

Mais il vaudrait mieux encore adopter le système

des Romains. Au lieu de simples postes, qui par leur nombre exigeraient une armée considérable, il faudrait établir des colonies militaires, composées de vétérans ayant déjà accompli leurs années de service et surtout d'hommes robustes, déjà acclimatés, mariés et pères de famille. Ces vétérans, tout en restant encadrés militairement, et soldés, recevraient d'abord, en commun, une vaste concession de terrain : toute la montagne sur laquelle ils seraient établis. Dans les moments de paix, ils y feraient de l'élevage et de la culture arboricole, dont le produit, acquis à la colonie, lui servirait de fonds de roulement, à condition d'assurer la sécurité du district environnant où viendraient s'établir, sous sa protection, les colons civils et les villages indigènes.

Au bout de quelques années, les colonies, se suffisant à elles-mêmes, ne coûteraient plus rien à la métropole, qui pourrait établir un second rang de colonies semblables en arrière du premier, reculant ainsi progressivement les limites du pays acquis enfin à la civilisation, où la sécurité serait assurée.

Pour le moment, le plus pressé est d'assurer cette sécurité sur les deux routes de Tananarive à Tamatave et à Majunga. La première est terminée, mais seulement pour les mulets ; il faut que la seconde soit routière.

Il faut que l'une et l'autre soient gardées, de vingt en vingt kilomètres, par des postes pouvant fournir chacun une escorte de cinquante hommes sans rester dégarnis. Il faudra organiser alors de véritables caravanes, partant de la côte à l'arrivée de chaque navire français, y arrivant pour leur départ. A chaque poste, chaque caravane recevrait une escorte fraîche, qui, l'accompagnant jusqu'au poste suivant, y prendrait la place de celle qui la relève et y attendrait la caravane de retour pour l'escorter de même sur la même portion de la route, dont chaque poste connaîtrait ainsi tous les accidents de terrain, tous les points dangereux. Chaque escorte enfin, ne fournissant qu'une étape, n'aurait pas à faire inutilement le chemin de retour.

Si tous les postes étaient installés sur des collines ou des plateaux, à des altitudes supérieures à deux ou trois cents mètres, dans des positions saines, la santé des soldats n'aurait pas à souffrir de ce régime ; et près de chaque poste, les caravanes auraient un lieu de repos pour y faire halte en sécurité.

Évidemment, des chemins de fer vaudraient mieux ; mais, outre qu'un chemin de fer entre la côte orientale et Tananarive est une entreprise gigantesque, devant coûter des sommes folles, puisqu'il ne s'agirait pas moins que de percer deux ou trois chaînes de montagnes, la voie serait coupée à chaque instant par les Fahavalos. Il en serait de même du côté de Majunga, où la route, plus longue, offre moins d'obstacles.

Un chemin de fer entre Tananarive et la côte orientale serait plus aisément exécutable si, partant de Mahanoro et suivant la vallée du fleuve de ce nom, il abordait le plateau central par le sud-ouest, vers Tsinjoarivo et Behenjy, pour arriver à Tananarive en suivant les affluents supérieurs de l'Ikopa. Cette voie ainsi tracée à travers le Betsiléo, dont les populations sont travailleuses et douces, pourra être exécutée avant toutes les autres. Encore faut-il que le Fahavalisme ait disparu de cette région, théâtre récent des exploits de Raïnibetsimysakara.

A défaut de chemin de fer, le magnifique système hydrologique de Madagascar, où de grands fleuves, prenant tous leur source sur le plateau central, à de très petites distances les uns des autres, divergent dans toutes les directions vers les côtes, permettra d'établir rapidement des voies d'eau.

La vallée de l'Ikopa conduit presque directement de Tananarive à Suberbieville, où cette rivière tombe dans le Betsiboka. Celui-ci va déboucher dans la rade de Majunga, tandis que son cours supérieur déploie à travers l'Imérina tout un réseau de vallées. Un de ses affluents divergeant presque du même point que l'Ikopa, ouvre une route facile vers les plaines de l'ouest, arrosées de magnifiques rivières à pentes douces et régulières jusqu'à la mer.

Le travail hydraulique le plus urgent à accomplir serait donc de rendre le Betsiboka navigable en toutes saisons, entre Majunga et Suberbieville, qui, par sa magnifique position au confluent des trois grandes vallées centrales, semble devoir être la capitale naturelle de Madagascar. Par la proximité des régions aurifères, cette ville est destinée à devenir un autre Johannisburg, si, au lieu de fermer toutes les portes de notre colonie aux étrangers, comme d'aucuns le demandent, on veut bien, au contraire, les leur ouvrir toutes grandes.

Tout cela ne peut être l'œuvre d'un jour et ne peut se réaliser que par l'esprit de suite, d'après un plan général bien tracé, poursuivi avec persévérance, autant que possible par les hommes qui l'auront conçu. Si l'on change de résident et de système aussi souvent que de ministère à Paris, à Madagascar rien ne se fera. La France y dépensera inutilement ses hommes et son argent, sans profit ni pour elle, ni pour nos colons, ni pour les indigènes.

Il faut surtout défendre ceux-ci contre les luttes stupides de l'esprit sectaire et des missions rivales qui, travaillant chacun pour leurs saints, jettent le trouble dans les esprits d'un peuple enfant qui ne demande qu'à se donner à nous, à suivre nos exemples avec émulation et à s'assimiler nos idées et nos mœurs, mais le fera d'autant plus vite qu'il ne s'y sentira pas forcé.

Dès qu'on aura obligé les divers dieux à vivre en paix et leurs prêtres à se renfermer dans leurs chapelles, sans régenter les écoles, la paix morale se fera parmi les Malgaches.

La lutte ethnique cessera, avec elle, le jour où la jeunesse indigène, élevée dans des écoles laïques, y apprendra l'impuissance des *sampy* et rira au nez de leurs *ombiaches*.

Une traduction de l'*Ingénu* et de *Candide*, en malgache, ferait plus pour la pacification de Madagascar que toutes les Bibles, tous les catéchismes, et détruirait plus efficacement les bandes des Fahavalos que toutes les colonnes lancées à leur poursuite.

Le Malgache aime à rire et entend bien la plaisanterie. Il est fort orateur, aime à prêcher, à discourir. Il sera bien conquis quand il mettra les révérends Pères jésuites dos à dos avec les révérends pasteurs méthodistes, en leur tournant le sien.

Quant à espérer pacifier d'un coup, dans une campagne, un vaste pays comme Madagascar, et y supprimer les ferments de guerre ethnique et religieuse qui l'agitent, il n'y faut pas songer.

Remplacer, par le catholique Ramahatra, cher aux jésuites, qui l'ont élevé, la protestante Ranavalo, compromise aux yeux des révérends anglais par la confiance qu'elle accorde au pasteur français Lanza, serait vouloir tomber de Charybde en Scylla.

En somme, nous avons à nous applaudir d'avoir eu affaire à une reine. Avec un roi, les choses ne se seraient peut-être pas si bien passées. Il eût été moins souple et encore beaucoup moins franc avec nous.

Chez les Hovas et surtout dans les hautes castes, les femmes sont bien supérieures aux hommes; leurs traits sont plus fins, leur peau plus claire, leur curiosité plus éveillée. Elles ressentent plus vivement l'émulation de s'assimiler les mœurs européennes.

La reine Ranavalo, en particulier, semble se complaire à prendre la reine d'Angleterre pour modèle. Si elle n'y arrive que de loin, ce n'est pas faute de volonté. Il faut convenir qu'elle remplit ses fonctions royales avec dignité. Elle sait jouer son rôle de reine et se tient bien en scène. Sans être un esprit remarquable, elle est intelligente, ne manque pas de jugement, et parle avec à-propos et bon sens. Elle est naturellement bonne et le veut être, avec des accès d'héroïsme, qui durent tant qu'ils sont sans danger; mais elle ressent un véritable désir de faire progresser son peuple, de le voir riche et heureux, avec la conscience très claire de son impuissance à réaliser ces progrès sans l'aide d'une grande nation comme la France.

L'idéal politique poursuivi par Rainilaïarivony pendant quarante ans n'a été, au contraire, que de sauvegarder l'indépendance de sa race. En s'appuyant tantôt sur l'Angleterre contre la France, tantôt sur la France contre l'Angleterre, il espérait leur emprunter leur civilisation sans subir leur domination.

Il n'a réussi qu'à livrer les Hovas aux disputes de leurs missionnaires.

Jouant toujours au plus fin avec nous, il a fini par être dupe des promesses des Anglais. Il a reconnu en mourant qu'il avait pris la mauvaise route; qu'il eût été mieux inspiré de se confier à nous. Il a vécu assez pour constater que Ranavalo, en se livrant sans arrière-pensée, en moins d'un an avait réalisé plus de progrès dans l'existence des Hovas, en dépit de leur défaite, que lui, en ses quarante années de duplicité diplomatique, qui n'ont pas ouvert une route à Madagascar et n'ont pas redressé une rue à Tananarive, déjà transformée par le séjour des Français.

Voilà pourquoi Ranavalo, moins politique, moins patriote, à la façon dont les hommes entendent ce mot, mais plus humaine, plus naturellement philosophe peut-être, au lieu de regretter d'avoir été vaincue, s'en applaudit pour elle-même et pour son peuple, qui a trouvé en nous les tuteurs qui lui manquaient.

Voilà pourquoi l'accuser d'être secrètement complice du Fahavalisme c'est une de ces idées folles, un de ces soupçons malsains, que peut seul concevoir cet « esprit colonial » qui par bien des côtés ressemble à cet « esprit obsidional » qui pendant le siège de

Paris poussait la population à voir la trahison partout, même chez ceux qui ont le moins d'intérêt à trahir, et prenait la lueur d'une veilleuse pour un signal fait à l'ennemi.

Lux.

Paris, août 1896.

TABLE

PREMIÈRE PARTIE

LA GUERRE DES RELIGIONS ET LES MISSIONNAIRES

I.	7
II. Les missionnaires et la guerre religieuse	8
III. La conquête de Madagascar par les jésuites.	16
IV. Leurs attaques contre le résident de France et contre la reine.	22
V. Leur plan de gouvernement.	27

DEUXIÈME PARTIE

LES FAHAVALOS ET LA GUERRE DES RACES

I. Les causes du Fahavalisme.	41
II. Les remèdes	53

ÉMILE COLIN — IMPRIMERIE DE LAGNY